# Me Pregunto Por Qué

# Los canguros tienen bolsa

## y otras preguntas sobre los animales y sus crías

Jenny Wood

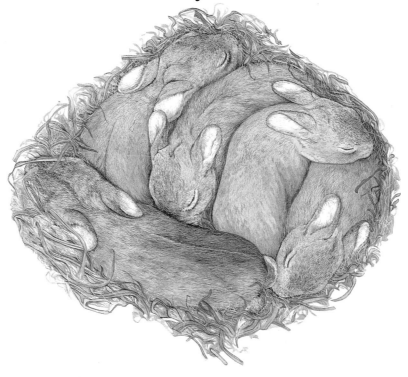

## EDITORIAL EVEREST, S. A.

Madrid • León • Barcelona • Sevilla • Granada • Valencia
Zaragoza • Las Palmas de Gran Canaria • La Coruña
Palma de Mallorca • Alicante • México • Lisboa

**Título original:** *I Wonder Why Kangaroos Have Pouches and Other Questions about Baby Animals*
**Traducción:** Marisa Rodríguez Pérez
**Responsable de la colección:** Clare Oliver
**Diseñador de la colección:** David West Children's Books
**Autor:** Jenny Wood
**Asesor editorial:** Michael Chinery
**Editor:** Claire Llewellyn
**Responsable artístico:** Christina Fraser
**Documentalista gráfico:** Amanda Francis
**Diseño de cubierta:** Alfredo Anievas
**Ilustraciones:** John Butler 18-19; Joanne Cowne 14-15, 24-25; Peter Dennis (Linda Rogers) 26-27; Chris Forsey 16-17, 28-29; Tony Kenyon (BL Kearley) todas las viñetas; Mick Loates (Linden Artists) 10-11; Nicki Palin 4-5, 30-31; Andrea Ricciardi di Gaudesi 22-23; Claudia Saraceni 8-9; Dan Wright 20-21; David Wright (Kathy Jakeman) cubierta, 12-13.

© Larousse plc y EDITORIAL EVEREST, S. A.
Carretera León-La Coruña, km 5 - LEÓN
ISBN: 84-241-2177-5 (Colección completa)
ISBN: 84-241-1962-2
Depósito legal: LE. 88-1997
Printed in Spain - Impreso en España

EDITORIAL EVERGRÁFICAS, S. L.
Carretera León-La Coruña, km 5
LEÓN (España)

# CONTENIDOS

# ¿Qué cría tiene la mejor mamá?

La cría de gorila tiene una de las mejores mamás del mundo. Las gorilas adultas pueden parecer fieras, pero son muy cariñosas y amables con sus pequeños. Además de cuidar de la cría, la alimenta durante más de tres años y la protege y ayuda durante aún más tiempo.

• Los gorilas son un tipo de simio, como los chimpancés, mandriles y orangutanes. Todas las simias son buenas mamás.

4

## ¿Qué cría tiene la peor mamá?

La hembra del cuco europeo no se molesta en cuidar de sus crías. Esta mamá perezosa pone el huevo en el nido de otras aves. Cuando la cría sale, es el otro pájaro quien cuida al polluelo.

• El cuco engaña a los pájaros porque su huevo se parece a los otros del nido.

## ¿Qué mamá pone los huevos en prisión?

Mientras la hembra de búcero pone los huevos en el agujero de un árbol, el macho bloquea la puerta, dejando un agujero para el pico. Así, podrá alimentarla mientras ella permanece en el interior.

• Las musarañas son mamás de media jornada. Dejan a las crías en el nido y vuelven de vez en cuando a alimentarlas.

# ¿Qué papá da a luz a sus pequeños?

El caballito de mar macho tiene una bolsa especial en su cuerpo donde la hembra pone los huevos. El macho debe transportarlos hasta que llega el momento y miles de caballitos se precipitan al mar.

# ¿Quién guarda un huevo en los pies?

Cada año, a mediados del invierno, la hembra del pingüino emperador pone un huevo y se lo entrega al macho para que lo mantenga caliente. Él guarda el huevo entre los pies y las plumas hasta la primavera.

• El espinoso macho cuida de sus pequeños. Si una cría intenta alejarse, el papá la agarra con la boca y la escupe en el nido.

## ¿Qué papá actúa como una esponja?

El ganga vive en las áridas zonas desérticas de África, Asia y el sur de Europa. Cuando el agua escasea, el macho vuela cientos de kilómetros hasta una fuente y empapa sus plumas en el agua. Después regresa a sus polluelos sedientos, que se refrescan chupando el agua de las plumas.

• Muchos animales no participan en la cría de sus pequeños. La mayoría se van antes de que hayan nacido.

# ¿Por qué los canguros tienen bolsa?

• Únicamente tienen bolsa los canguros hembra. Los machos no tienen crías, así que no la necesitan.

La bolsa es un lugar seguro para el crecimiento de un bebé. Los canguros recién nacidos son del tamaño de un cacahuete. Avanzan por la piel de su madre hasta llegar a la bolsa caliente, donde se alimentan de su leche y continúan creciendo.

# ¿Quién se aferra a la vida?

El lémur se cuelga de la espalda de su mamá durante los primeros siete meses de vida. La rodea con las piernas y se agarra con fuerza mientras ella salta de árbol en árbol.

# ¿A quién agarran por el pescuezo?

Como todas las mamás felinas, la hembra del leopardo levanta a su cachorro agarrándolo con su boca por el pescuezo. No hay peligro, ya que la piel es blanda y abundante en esa zona. El cachorro se queda inmóvil hasta que toca el suelo.

• La hembra del cocodrilo lleva a sus crías en la boca, cuidando de no morderlos con sus dientes afilados.

# ¿Quién adora pasear en barca?

Las crías de zampullín suelen subirse a la espalda de su madre. En realidad, no les resulta necesario: saben nadar a la perfección.

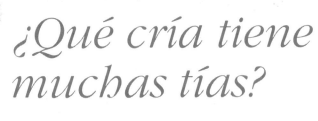

## ¿Qué cría tiene muchas tías?

Además de mamá, los elefantitos tienen muchas tías. Esto se debe a que las hembras de elefante viven en grandes grupos familiares de hasta 50 animales. De hecho, la cría no solamente tiene muchas tías, ¡también tiene abuelas, hermanas y primas!

## ¿Qué cría se queda en la guardería?

Los papás mará dejan a sus crías bajo tierra. Para que no se sientan solos, muchas familias comparten la misma madriguera. Cuando una madre acude a alimentar a su cría, también echa un vistazo a los otros pequeños.

• Cuando la mamá hipopótamo sale a buscar alimento, deja a su cría con una canguro.

• Los marás, una especie de cobaya, viven en América del Sur. Los padres nunca entran a la madriguera de las crías. Silban por el agujero y los pequeños salen corriendo.

• Las abejitas crecen a salvo en las guarderías de las colmenas.

# ¿Cuál es la guardería más grande?

• Las mamás murciélago tienen un oído tan agudo que reconocen la llamada de su cría entre millones.

La cueva Bracken, EE UU, es el hogar de más de veinte millones de murciélagos. Las madres dejan a sus crías en la guardería, apretadas de tal manera que puede haber un millar en el espacio de un felpudo.

# ¿Qué hay en un huevo de ave?

Hay tres cosas en el interior de un huevo: el polluelo, la yema y una gelatina transparente llamada clara. La yema sirve de alimento para el polluelo. La clara también es alimento, pero además protege al ave si el huevo recibe un golpe.

• Algunos huevos no llegan a abrirse, sino que acaban devorados por cazadores voraces.

• Algunos huevos eclosionan deprisa, otros tardan más. La mosca doméstica se desarrolla en 24 horas, pero un pollo de kiwi tarda tres meses o más.

• Los tiburones ballena ponen los huevos más grandes: del tamaño de un balón de rugby.

# ¿Por qué las aves dan vuelta a los huevos?

Las aves dan vuelta a sus huevos para que reciban calor uniforme. Los polluelos necesitan el calor para crecer: por eso los padres se sientan sobre el nido.

# ¿Sólo las aves ponen huevos?

Los peces, ranas, serpientes, tortugas, insectos, arañas… todos ellos ponen huevos. Los huevos tienen un aspecto y un tacto bastante diferente. Los de tortuga son suaves, correosos y del tamaño de pelotas de golf. Los huevos de mariposa son diminutos y brillan como joyas.

• Las orugas nacen con mucho hambre. Muchas devoran la cáscara del huevo al salir.

# ¿Qué cría tiene el nido más acogedor?

Los conejitos tienen un nido realmente acogedor. Su madre lo construye en el interior de una madriguera, formando un cojín de tallos de hierba seca que luego cubre con su propia piel.

● La rata de bosque no tiene tanta suerte como el conejo. Sus padres construyen el nido en un cactus. ¡Ay!

# ¿Qué cría nace bajo la nieve?

Los cachorros de oso polar nacen en una guarida subterránea que su madre excava en la nieve. El aire caliente queda atrapado en el interior, convirtiéndola en un lugar abrigado donde pasar los meses de invierno.

- El nido del colibrí es del tamaño de una nuez. Está hecho de seda de araña, líquenes, pétalos y pelusa vegetal.

# ¿Qué nidos tienen 100 años?

Las águilas calvas americanas regresan al mismo nido año tras año. Hacen unas cuantas reparaciones y después ponen sus huevos. Algunos nidos tienen más de 100 años y son más grandes y pesados que un coche.

- En EE UU, un pájaro carpintero construyó el nido en el Space Shuttle. ¡Por suerte no llegó a despegar!

# ¿Quién vive en una burbuja?

Poco después de nacer, las crías de los insectos espumadores producen un líquido baboso, donde se ocultan mientras se alimentan y transforman en individuos adultos.

# ¿Cuál es la cría más grande?

La cría de ballena azul es un gigante: pesa más de 3 000 kilos, casi igual que 1 000 bebés humanos. Al nacer, su mamá la empuja a la superficie para que tome la primera bocanada de aire.

• Una cría de ballena azul es tan larga como cinco buceadores nadando en fila.

• La cría de mono aullador es la más gritona. Sus chillidos se oyen por toda la selva.

# ¿Cuál es la cría más alta?

La cría de jirafa mide unos dos metros de altura: más que la mayoría de las personas adultas. La mamá jirafa es aún más alta y da a luz de pie. La cría cae sobre las patas. ¡Ay! ¡Menuda caída!

● Las libélulas jóvenes son unas crías feroces. Viven en ríos y lagos y capturan con sus mandíbulas todo lo que se mueva.

# ¿Cuál es la cría más fea?

Una de las crías más feas es el polluelo de buitre, con su gran pico ganchudo y cabeza y cuello calvos. Sus padres tampoco es que sean gran cosa. Tal vez les venga de comer tanta carne podrida.

# ¿Por qué los pandas tienen una sola cría?

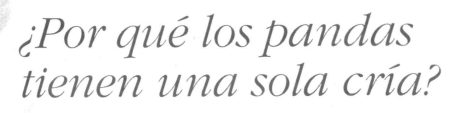

Una mamá panda presta a su cachorro tanta atención y cariño que sólo puede ocuparse de uno cada vez. Cuidar del cachorro durante más de un año, asegura la supervivencia del pequeño.

• No quedan muchos pandas. Los zoológicos envían a sus pandas por el mundo para que puedan conocer a otros y, con mucha suerte, tener crías.

# ¿Qué animales ponen cientos de huevos?

La mayoría de las ranas y sapos ponen cientos de huevos en una masa espumosa llamada huevas. Muchos son devorados, pero otros sobreviven y se desarrollan en renacuajos.

• La almeja gigante tal vez tenga la familia más grande. Cada año, la hembra pone una gran nube de huevos: ¡al menos un millón!

## ¿Qué familia es siempre idéntica?

Cada vez que una hembra de armadillo da a luz, tiene cuatro crías idénticas. Son todas macho o todas hembra. Esto es debido a que el huevo se divide en cuatro en el interior de la madre, y las cuatro partes comienzan a crecer hasta convertirse en cuatrillizos idénticos.

• Las mamás albatro ponen un solo huevo cada dos años. Los padres cuidan al polluelo durante diez meses, hasta que es capaz de volar.

# ¿Qué cría bebe la leche más cremosa?

La leche de la mamá de la foca de Groenlandia es tan espesa que parece mayonesa. Es unas 12 veces más cremosa que la leche de vaca y es tan nutritiva que la cría engorda y crece con gran rapidez.

• La cría de foca ha de crecer rápido para que su madre pueda ir a pescar. Después de tres semanas alimentando a su pequeño está muy hambrienta.

• Muchas crías de foca nacen en las zonas más frías del mundo. Pero no se congelan debido a la gruesa capa de grasa recubierta de piel que las protege y mantiene calientes.

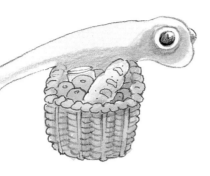

# ¿Qué padre sirve la comida en una bolsa?

El pelícano tiene una bolsa de piel bajo el pico, que utiliza para pescar peces. Después escurre el agua y se los traga. Cuando un polluelo necesita alimento, el padre regurgita un bocado de pescado y deja que la cría se alimente de la bolsa. ¡Qué rico!

• Las crías de salmón nacen con la merienda preparada. Los pececitos tienen una bolsa de alimento, parecida a una yema de huevo, que los mantiene durante varias semanas.

• La oruga de la polilla polifemo es una de las crías más hambrientas. En los primeros 56 días de vida, devora 86 000 veces su propio peso en hojas. Es como si un bebé humano comiera seis camiones de alimento.

• El interior de la boca de muchas aves es de color vivo. Se cree que esto anima a los padres a alimentar a sus polluelos.

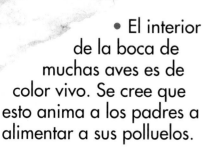

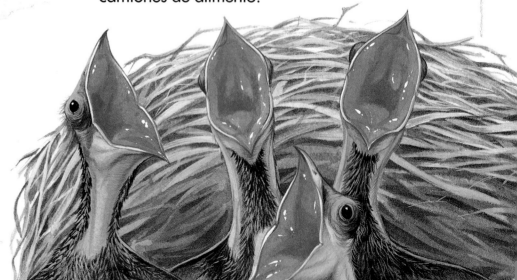

# ¿Por qué los leoncitos son tan juguetones?

Los cachorrros de león son muy juguetones y saltan sobre todo lo que se mueva: en especial sobre la cola de mamá. Estos juegos enseñan a los cachorros cómo perseguir y atacar, habilidades que necesitarán cuando tengan que cazar solos.

• Las nutrias sí que saben pasarlo bien. La madre lanza a la cría al aire y la coge al caer. ¡Guau!

• El juego enseña a muchas crías animales todo tipo de habilidades vitales para la vida adulta.

# ¿Por qué los patitos van en fila india?

Cuando los patitos salen del cascarón, siguen a la primera cosa en movimiento que ven, normalmente su madre. Siguiéndola a todas partes, aprenden a nadar y alimentarse. Y si se despistan, ella sólo tiene que llamarles y ellos vuelven a la fila.

• Algunos padres enseñan a sus pequeños a utilizar herramientas. Las crías de chimpancé pronto aprenden a extraer termitas con un palo.

• La mamá osa enseña a pescar a los oseznos, que cogen los peces con manotazos de sus garras.

# ¿Cuándo se convierte un cachorro en perro?

Un cachorrito recién nacido está ciego e indefenso, pero en dos años habrá finalizado su desarrollo. Todos los cachorros, sea cual sea su raza, tienen aproximadamente el mismo tamaño al nacer. Por ello, las razas más pequeñas tardan menos tiempo en completar el crecimiento.

**2** A las seis semanas, el cachorro comienza a explorar. Juega con sus hermanos y hermanas y disfruta con las volteretas.

**1** A las dos semanas, los ojos y orejas del cachorro se abren. Pronto empezará a andar.

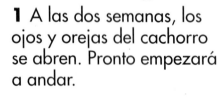

• Las crías de ñu corren incluso antes de andar. Los jóvenes trotan junto a su madre apenas cinco minutos después de nacer.

## ¿Cuándo deja el hogar un tigre?

La mamá tigre cuida de sus cachorros hasta que tienen unos dos años. Entonces pare otra camada e ignora a los mayores. No es del todo cruel: los de dos años ya son adultos. Ha llegado el momento de que cuiden de sí mismos.

**3** Al alcanzar la madurez, el perro es fuerte y activo. El buen alimento y el ejercicio le ayudarán a mantenerse en forma.

• Casi todos los insectos cambian de forma al crecer. El escarabajo comienza su vida como una larva. Después se transforma en pupa y experimenta muchos cambios. Cuando sale de la piel dura, ya es un adulto.

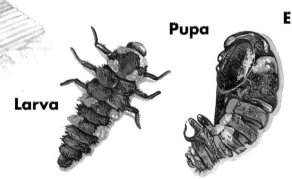

**Larva**

**Pupa**

**Escarabajo**

# ¿Qué cría se oculta en el bosque?

Los cervatos tienen unas patas tan débiles, que no podrían escapar de un lobo o un puma hambrientos. Por ello, cuando están en peligro, permanecen inmóviles hasta que el peligro ha pasado. El abrigo moteado de los cervatos les ayuda a pasar inadvertidos entre las luces del bosque.

# ¿Qué cría se oculta entre cuernos?

Los bueyes almizcleros trazan un círculo en torno a sus crías cuando el peligro amenaza. Permanecen muy juntos, encarando al enemigo con las cabezas inclinadas. Hay que ser un lobo muy hambriento y valiente para atacar este muro de cuernos largos y curvos.

• Muchos animales hacen ruidos para alejar al enemigo. Las crías del mochuelo minero, que viven en madrigueras, producen un sonido similar al de la serpiente de cascabel.

## ¿Qué mamá finge estar enferma?

Si un cazador hambriento amenaza un nido de chorlito, la madre finge estar herida. Mueve un ala como si estuviera rota y camina dando tumbos, alejándose del nido. Pretende que el enemigo crea que está herida y, por tanto, sería una presa fácil. De ese modo, el animal irá tras ella, y no tras las crías.

• La mamá escorpión protege a sus crías en los primeros días de vida transportándolas sobre la espalda. Si se acerca un enemigo, arquea su cola venenosa por encima de la espalda. Esto suele disuadir al más fiero.

# ¿Qué cría está siempre limpia?

La mamá gato chupa a sus gatitos desde el momento en que nacen. Los lametazos en torno a la boca del recién nacido hacen que el gatito jadee y comience a respirar. La lengua de la madre también seca la piel del pequeño para mantenerlo caliente.

• Los flamencos acicalan las plumas de sus polluelos. Eliminan con el pico la tierra e insectos, y extienden aceite sobre las plumas. El aceite, producido en las glándulas del ave, impermeabiliza el plumaje.

• Para la cría de hipopótamo no hay nada mejor que un revolcón en una charca de lodo. Aunque parezca mentira, el barro protege la piel del hipopótamo del Sol y la mantiene tersa.

## ¿Quién adora la limpieza?

Los babuínos se aseguran de que sus crías estén bien arregladas. Con gran paciencia, la madre aparta la piel de la cría y elimina con los dedos los restos de piel muerta, insectos y tierra… comiéndose casi todo lo que encuentra.

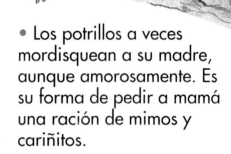

• Los potrillos a veces mordisquean a su madre, aunque amorosamente. Es su forma de pedir a mamá una ración de mimos y cariñitos.

## ¿Qué cría vive en el nido más limpio?

Aunque muchos animales mantienen limpios los nidos de sus crías, el tejón seguramente ganaría el primer premio. Los tejones adultos forran ᴅrigueras con hierba seca y ᴏs frescas. Incluso excavan túneles alejados del nido, que toda la familia usa como aseos.

# ¿Cómo lloran los corderitos?

La mamá oveja y sus corderitos a veces quedan separados en los campos llenos de ovinos. Los corderos parecen iguales, pero cada uno tiene su propia llamada distintiva. La mamá oveja conoce el balar de su pequeño y lo encuentra sin problema entre la multitud.

• Casi todas las ballenas y delfines hablan entre sí y con sus crías empleando sonidos. Una cría de rorcual puede oír a su mamá a una distancia de 185 km, por lo que nunca se pierde.

• La mamá del alce de América empuja a su pequeño para comunicarle que debe seguir avanzando aunque se sienta cansado.

# ¿Qué cría recibe azotes?

Cuando una cría de elefante se porta mal, su mamá le castiga con un azote de su trompa. El pequeño aprende rápidamente qué debe y qué no debe hacer. La mamá también emplea la trompa para acariciar a su cría y a otros elefantitos de la manada. Es una señal de cariño.

• Los lobeznos aprenden a aullar imitando los sonidos de sus padres.

• El manatí abraza a su cría y la acuna en sus aletas para evitar que se la lleve la corriente.

# Índice

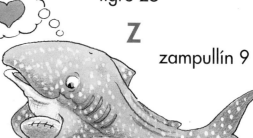